Ausgewählte Auszüge aus der Snorra-Edda

DIE GÖTTER DER WIKINGER

Ausgewählte Auszüge aus der Snorra-Edda

DIE GÖTTER DER WIKINGER

Übersetzt aus dem Altnordischen
von Helmut Hinrichsen

Herausgegeben von Jón Þórisson

Mit Illustrationen von Lorenz Frölich
Farbgestaltung der Illustrationen
von Eggert Pétursson

GUDRUN

Deutsche Übersetzung © Helmut Hinrichsen

Einleitung übersetzt aus "The Younger Edda: also called Snorri's Edda or The Prose Edda" von Rasmus B. Anderson, ehem. Professor der Skandinavistik an der University of Wisconsin. Herausgegeben von S.C. Griggs and Company, Chicago, USA, und Trübner & Co., London, England, 1880.

Lorenz Frölich 1820-1908, Text © Hanne Westergaard, ehem. Kuratorin, Abteilung Malerei und Bildhauerei, Statens Museum for Kunst, Kopenhagen.

Snorri Sturluson, Erzähler von Götter- und Heldensagen, Text © Páll Valsson, Universität Uppsala, Schweden.

Die Illustrationen innen auf den Umschlagseiten erschienen erstmals in "Oldnordisk Verdensbetragtning" von Finn Magnussen, Kopenhagen 1824-26.

Die Illustrationen von Lorenz Frölich auf den Seiten 8, 17, 21, 24, 30, 38, 42, 44, 46, 50, 52 und 54 erschienen erstmals in "Den Ældre Eddas Gudesange", Kopenhagen 1895.

Alle anderen Illustrationen entstammen aus "Nordens Guder" von Lorenz Frölich, eine beschränkte Edition graphischer Drucke, Kopenhagen 1873-87. Mit freundlicher Genehmigung des Statens Museum for Kunst, Kopenhagen, Dänemark.

Farbgestaltung der Illustrationen von Eggert Pétursson

Text und Illustrationen ausgewählt und für den Druck redigiert von Jón Þórisson
Umschlag und Gestaltung: Jón Þórisson und Helgi Hilmarsson

Published by Gudrun Publishing Ltd.,
80-83 Long Lane, EC1A 9ET London, England
www.gudrunpublishing.com

Mit Unterstützung von Nordisk kulturfond

ISBN 978-1-904945-98-7

Berkeley 6-24p und Goudy 14p

In Indien gedruckt

Inhalt

Vorwort 9

Einleitung 10

I. Der Weltanfang

Am Anfang war Öde 16

Die Reifriesen 19

Schöpfung von Himmel und Erde 20

Schöpfung der Menschen 23

II. Die Götterfamilie

Odin und Frigg 27

Thor und Sif 29

Balder und Nanna 31

Njörd und Skadi 33

Frey, Gott der Fruchtbarkeit 35

Freya, die Liebesgöttin 37

Tyr, der Kriegsgott 39

Bragi und Idun 41

Heimdall, Hüter der Götter 43

Der Blinde, der Kühne und der Schöne 45

Loki, Unheilstifter unter den Asen 47

III. Das Goldene Zeitalter

Die Götterstadt Asgard 50

Die Himmelsbrücke Bifröst........................ 52

Die Weltesche Yggdrasil............................ 54

Die Nornen 57

Walhalla 59

IV. Heilige Schätze

Die Wette 62

Vorzüge und Nachteile 64

Das Urteil 66

Anhang

Anmerkung zur vorliegenden Ausgabe 68

Snorri Sturluson, Erzähler von Götter- und Heldensagen 69

Lorenz Frölich 1820-1908 72

Index... 74

Vorwort

Dieses Buch enthält ausgewählte Auszüge aus der Edda von Snorri Sturluson, einem Meister der Dichtkunst des 13. Jhs.

Der Lesbarkeit halber ist das Buch in kurze Kapitel unterteilt, in welchen Snorri die mythische Welt der Wikinger beschreibt, von der Schöpfung bis zum Weltuntergang. Er umreißt ein ebenso deutliches wie unterhaltsames Bild der germanischen Götterfamilie, deren Mitglieder bei weitem nicht vollkommen sind.

Mit dieser Ausgabe soll dem Leser Einblick in die vorchristliche Vorstellungswelt der Wikinger gegeben werden, die keiner mit größerer Akribie und Kunstfertigkeit dargestellt hat als Snorri Sturluson.

Die Edda von Snorri Sturluson ist eine der besten Geschichtensammlungen des Mittelalters und eine unschätzbare Quelle unseres Wissens über die nordische Mythologie.

Viele Helfer haben zum Entstehen dieses Buches beigetragen. Insbesondere möchte ich Hanne Westergaard und dem Personal des Statens Museum for Kunst in Kopenhagen für ihre unschätzbare Hilfe bei der Auswahl der Illustrationen danken. Hanne Westergaard zeichnet ebenfalls für den Text über Lorenz Frölich verantwortlich. Páll Valsson, Lektor an der Universität von Uppsala, Schweden, schrieb das Kapitel über Snorri Sturluson. Dr. Coletta Bürling, Leiterin des Goethe-Institutes in Reykjavík, las die deutschen Korrekturen.

Ich möchte allen genannten und ungenannten Helfern für ihre Unterstützung herzlichst danken.

Jón Þórisson

Einleitung

Chaos

Am Anfang, bevor Himmel, Erde und Meer geschaffen waren, gab es nur den unergründlichen Abgrund Ginnungagap, ohne Form und Raum. Der Geist von Fimbultyr wandelte über der Tiefe. Von Niflheim strömten Eisflüsse und füllten Ginnungagap mit Eis und Reif, bis sie mit den glühenden Flammen von Muspell in Berührung kamen.

Dies war vor dem Chaos.

Fimbultyr gab den schmelzenden Tropfen Leben. So wurde mitten in Ginnungagap der Riese Ymir geboren. Er war böse, und von ihm stammt das Geschlecht der Reifriesen ab.

Dies war das Chaos.

Kosmos

Fimbultyr sprach: Der Riese muß erschlagen und Ordnung geschaffen werden. Odin und seine Brüder - Bors Söhne - versetzten Ymir die tödlichen Wunden, und aus seinem Körper schufen sie die Welt: aus seinem Fleisch die Erde; aus dem Blut das Meer; aus seinen Knochen die Berge; aus seinem Haar die Bäume; aus seinem Schädel das Himmelgewölbe; aus seinen Augenwimpern eine Festung, die sie Midgard nannten. Aus zwei Bäumen schufen die Götter Mann und Frau und flößten ihnen Atem ein. Den Mann nannten sie Ask und die Frau Embla. Von ihnen stammt das Menschengeschlecht, das bis zum Ende der Welt in Midgard leben wird.

Dies war der Kosmos.

Die Götterfamilie

Die Götter bauten sich eine Burg mitten in der Welt und nannten sie Asgard. Einige gehörten zum mächtigen Geschlecht der Asen: der Allvater Odin und Frigg, seine Frau; Thor mit seinem Hammer Mjöllnir; Balder, der Gute;

der einhändige Tyr; Bragi, der Dichter; Idun mit den Äpfeln, die ewige Jugend spenden, und Heimdall, der Hüter von Asgard. Andere gehörten zum vornehmen und freundlichen Geschlecht der Wanen: Njörd, Frey und Freya, die Liebesgöttin. Doch mitten in Asgard lebte auch Loki, ein Freund der Riesen, der mit seinen giftigen Lügen Unheil über die Götter brachte.

All diese Götter wurden von den Wikingern verehrt und ihnen gaben sie Opfer. Und jeder Gott spendete den Segen, der in seiner Macht stand.

Asgard

Die meisten der Götter wurden auf dem Schlachtfeld verehrt. Um Kampf drehte sich das Leben der Wikinger, und dort hofften sie, eines Tages zu sterben. Denn wem die Schicksalsnornen erlaubten, mit dem Schwert in der Hand zu fallen, der mußte nicht in die Finsternis von Hel hinabsteigen, sondern wurde von den Walküren nach Walhalla getragen. Dort konnte er in Gesellschaft der Götter sein irdisches Leben fortsetzen.

Er durfte an festlicher Tafelrunde sitzen, wo das Trinkhorn mit Met überlief, wo Worte der Weisheit gesprochen wurden und kriegerische Spiele mit scharfem Schwert und Speer zur Unterhaltung gehörten. Unter der Esche Yggdrasil trafen sich die Götter, um zu beraten. Asgard verließen sie nur im Dienst der Liebe oder zum Krieg gegen die Riesen, ihren Feinden seit Anbeginn der Welt.

So lebten die Götter wie die Krieger auf Erden, nur daß Iduns Äpfel ihnen ewige Jugend verliehen.

Die Unschuld hat ein Ende

Doch Loki, die giftige Natter, lebte mitten unter ihnen. Frigg liebte ihren Sohn Balder innig. Düstere Prophezeiungen ließen ihr keine Ruhe, bis alle Dinge, die ihm hätten Schaden zufügen können, ihr geschworen hatten, Balder zu verschonen. Jetzt brauchten sich die Götter keine Sorgen mehr um das Leben des Liebsten unter ihnen zu machen. Sie amüsierten sich damit, ihn als Zielscheibe bei ihren Waffenübungen zu haben. Wurfspieße, Steine und andere Waffen konnten ihm keinen Schaden zufügen. Doch Loki, der Unheilstifter, war schlauer als alle anderen Götter in Asgard, die Fimbultyr geschaffen hatte. Er ging zum blinden Gott Höd und reichte ihm einen jungen Mistelzweig. Das Geschoß durchbohrte Balder, und er fiel tot zur Erde. Er mußte Walhalla den Rücken kehren und begab sich zur Wohnstätte der blassen Hel, von wo er nicht wiederkehrte. Loki wird von den Göttern gefangen, gefesselt und gefoltert. Doch die Unschuld hat ein Ende. Bei den Menschen toben Kriege; Brüder erschlagen einander aus Habgier; es herrscht sündiges Treiben; Meineid und Lüge gelten mehr als die Wahrheit. Die Elemente geraten aus den Banden; Fimbulwinter setzt ein, mit heulenden Stürmen und fürchterlichem Schneetreiben, das die Sonne verdunkelt.

Götterdämmerung

Das Weltende naht. Alle Fesseln und Bande, die Himmel und Erde zusammenhalten, zerreißen. Gut und Böse treffen sich zu einem letzten, alles vernichtenden Kampf. Loki erscheint mit seinen Kindern, dem Fenriswolf und der Midgardschlange, und der Heerschar der Riesen; Surt schleudert Feuer und Flamme über die Erde. Odin rückt mit seiner Heerschar der Götter und Einherier auf das Schlachtfeld. Der Wolf verschlingt Odin. Widar, der Schweigsame, setzt seinen Fuß auf den Unterkiefer des Ungeheuers; mit der Hand greift er den Oberkiefer und reißt den Rachen entzwei. Daran stirbt der Wolf. Frey kämpft gegen Surt, und sie teilen fürchterliche Schläge aus, bevor Frey fällt. Heimdall und Loki kämpfen und bringen einander um. Ebenso Tyr und der Höllenhund Garm. Thor erschlägt mit seinem Hammer Mjöllnir die Midgardschlange, doch vermag er nur noch neun Schritte zurückzuweichen, bevor er durch den giftigen Atem der Schlange tödlich getroffen zu Boden sinkt. Rauchwolken hüllen die Esche Yggdrasil ein, Flammen schießen hoch in den Himmel. Die Gräber der Götter, Riesen und Menschen sinken ins Meer. Das Ende ist da. Dies ist Ragnarök, der Weltuntergang.

Die neue Welt

Doch nach der Finsternis kommt die Morgendämmerung. Die Erde taucht erneut aus dem Meer, wieder grün und schön, und Saat wächst von selbst auf den Feldern. Und wo zuvor noch Möwen auf den schaukelnden Wellen tanzten, wiegen sich nun goldene Ähren im Wind. Die Götter, darunter auch Balder, erwachen zu neuem Leben. Der allmächtige Fimbultyr erscheint, der Gott der Ewigkeit, der Gott, den der Dichter der Edda nicht zu nennen wagt. Der Gott der Götter kommt zu den Asen und hält Gericht. Die Guten dürfen für immer in Gimle leben, wo sie mehr Ergötzen finden denn je. Doch die Eidbrüchigen und

Mörder schickt er nach Nastrand, einem schrecklichen Saal, wo sie gepeinigt werden, bis sie von ihren Sünden geläutert sind. Dies ist die Wiedergeburt.

So glaubten die Wikinger, und so ließ Odin die Lehre unter den Menschen verbreiten. In den isländischen Edden ist die Lehre aufgezeichnet.

I. Der Weltanfang

Am Anfang war Öde

Am Anfang war Öde,
nur endlose Leere,
weder Sand noch See
noch sanfte Woge;
nicht Erde unten
noch oben Himmel,
nur gähnender Abgrund
- Ginnungagap.

Zuerst gab es im Süden diejenige Welt, die man Muspell nennt; sie ist hell und heiß. Dort lodert die Flamme und brennt, und sie ist unbegehbar für alle, die dort nicht beheimatet sind. Surt heißt der Riese, der an der Grenze lebt und das Land beschützt. Er besitzt ein flammendes Schwert, und am Ende der Welt wird er Krieg gegen die Götter führen und sie besiegen und die ganze Welt mit seinen Flammen verbrennen.

So steht es in der Völuspá geschrieben:

Surt kommt von Süden
mit flammendem Schwert;
im Schein der Sonne
die Klinge strahlt.
Gebirge bersten,
Bergriesen stürzen,
nach Hel gehn die Helden,
der Himmel klafft.

Der Teil des Ginnungagap, der gen Norden lag, füllte sich mit der schweren Last von Eis und

Reif; während weiter innerhalb Stürme wüteten. Doch der südliche Teil des Ginnungagap war milde und hell, dank der glühenden Funken, die aus Muspellsheim herüberwehten.

So wie die Kälte und alles Ungestüm aus Niflheim kam, so war der Teil, der nach Muspellsheim wies, heiß und hell. Ginnungagap war dort so warm wie Luft ohne Wind. Und wo sich der Reif und heiße Luft begegneten, da taute es und fielen Tropfen. Und durch die Schöpferkraft dessen, der die Wärme spendete, kamen die Tropfen zu Leben. Ymir entstand in menschlichem Bild.

YMER

Die Reifriesen

Ymir war böse wie alle aus seinem Geschlecht, die wir Reifriesen nennen. Es wird erzählt, daß er in Schweiß ausbrach, als er schlief; da wuchsen ihm unter dem linken Arm ein Mann und eine Frau, und der eine Fuß zeugte mit dem anderen einen Sohn. Von diesen stammt das Geschlecht der Reifriesen ab.

Als das Eis auftaute, da wurde zunächst die Kuh Audhumla daraus, und vier Milchströme flossen aus ihrem Euter; davon ernährte sie Ymir.

Sie leckte die Reifsteine ab, die salzig waren. Am ersten Abend kam aus dem Gestein das Haar eines Menschen zum Vorschein, am zweiten Tag sein Kopf und am dritten Tag ein ganzer Mann; der hieß Buri. Er war schön von Gestalt, groß und stark. Er zeugte einen Sohn namens Bor, und dieser bekam Bestla zur Frau, die Tochter des Riesen Bölthorn.

Sie hatten drei Söhne: der erste hieß Odin, der zweite Wili, der dritte We. Odin und seine Brüder sind die Lenker von Himmel und Erde. Denn so soll der größte und berühmteste Mann heißen.

Schöpfung von Himmel und Erde

Bors Söhne erschlugen den Riesen Ymir und warfen ihn mitten ins Ginnungagap und schufen aus ihm die Erde; aus seinem Blut das Meer und die Seen, aus seinem Fleisch das feste Land, die Berge aus seinen Knochen und Gestein und Geröll aus seinen Zähnen und Kinnbacken und aus solchen Knochen, die zerbrochen waren.

Aus dem Blut, das aus seinen Wunden rann, schufen sie das Weltmeer und legten es außen rundherum um die Erde. Sie umgürteten damit die Erde und banden sie. So groß ist das Meer, daß es den meisten Menschen unmöglich dünken mag, es zu überqueren.

Sie nahmen auch seinen Schädel und schufen daraus den Himmel und stülpten ihn an allen vier Ecken über die Erde, und unter jede Ecke setzten sie einen Zwerg. Die heißen Austri, Westri, Nordri und Sudri. Dann nahmen sie sprühende Funken, die aus Muspellsheim kamen und lose umherflogen, und festigten sie am Himmel, oben und unten, um damit Himmel und Erde zu beleuchten.

All diesen Sternen wiesen sie einen Platz zu, einigen am Himmel, anderen in freier Bahn darunter. Ein jeder bekam seine Bahn zugewiesen. So steht es in alten Gedichten, daß man mit ihrer Hilfe Tag und Nacht unterschied und die Anzahl der Jahre.

Die Erde ist außen kreisrund und ringsherum von tiefem Meer umgeben. Den Meeresstrand gaben die Götter den Riesen zur Wohnstatt. Aber drinnen auf der Erde bauten sie eine Schutzwehr gegen die feindseligen Riesen. Diese Schutzwehr schufen sie aus den Augenwimpern Ymirs und nannten sie Midgard. Sie nahmen auch sein Gehirn und warfen es in die Luft und machten daraus die Wolken.

ASK.EMBLA
ODIN.HŒNER.LOD

Schöpfung der Menschen

Als Bors Söhne am Meeresstrand entlang gingen, fanden sie zwei Baumstämme. Sie nahmen die Stämme und schufen daraus Menschen. Der erste flößte ihnen Atem und Leben ein, der zweite Verstand und Beweglichkeit, der dritte Gestalt und Sprache, Gehör und Gesicht. Sie gaben ihnen auch Kleider und Namen.

Den Mann nannten sie Ask und die Frau Embla. Von ihnen stammt das Menschengeschlecht, dem sie Midgard zur Wohnstatt gaben.

Bis drei kamen
aus dieser Runde
der Mächtgen und Milden
zum Meeresstrand.
Fanden am Ufer
die Asengötter
Ask und Embla
ohn´ eigenes Leben.

Nicht Seele noch Sinn
sie besaßen,
nicht Laut noch Leben
noch leuchtende Farben;
Odin gab Alter,
Hönir den Atem,
Leben gab Lodur
und leuchtende Farben.

LOKE
Vidar
Höbur
Höner
Brage
Balder

II. Die Götterfamilie

Munin
Hugin
Odin
Freke
Gere

Odin und Frigg

Der höchste und älteste von allen Göttern heißt Allvater in unserer Sprache; im alten Asgard aber hatte er zwölf Namen.

Er lebt in alle Ewigkeit, herrscht über sein ganzes Reich und waltet über alle Dinge, große und kleine.

Er schuf Himmel und Erde und die Luft und alles, was darin ist.

Das Größte aber ist, daß er den Menschen schuf und ihm Geist einhauchte, der bleiben soll und nie vergeht, auch wenn der Leib zu Erde verwest oder zu Asche verbrennt. Auch sollen alle Menschen, die rechtschaffen sind, bei ihm leben, an dem Ort, der Gimle oder Wingolf heißt. Aber die bösen Menschen fahren zur Hel und von dort hinunter nach Niflheim in die neunte Welt.

Seine Frau heißt Frigg, und von ihnen stammt das Geschlecht ab, das wir als Asen bezeichnen; es wohnt in Asgard und all den Gebieten, die dazugehören. Dieses Geschlecht ist göttlicher Herkunft.

Odin heißt Allvater, denn er ist der Vater aller Götter. Er wird auch Walvater genannt, denn alle, die im Kampfe fallen, werden von ihm an Sohnes Statt aufgenommen. Sie werden in Walhalla und Wingolf wohnen und Einherier genannt.

YMER

Thor und Sif

Thor ist der Sohn von Odin und Sif seine Frau. Niemand kann sagen, von wem Sif abstammt. Sie war die schönste aller Frauen, ihr Haar war wie Gold. Thor ist der stärkste von allen Göttern und Menschen. Sein Reich ist Thrudwang, und sein Palast heißt Bilskirnir. Dieser Palast hat fünfhundertundvierzig Gemächer und ist das größte Gebäude, das Menschen je errichtet haben. So heißt es im Grimnir-Lied:

Fünfhundert Räume
und viermal zehn
hat Bilskirnirs Bau im Ganzen;
von allen Hallen,
die Dächer haben,
ist meines Sohnes Haus am höchsten.

Thor hat zwei Ziegenböcke, die seinen Wagen ziehen; darum wird er auch Wagen-Thor genannt.

Auch hat er drei besonders kostbare Kleinodien. Das erste ist der Hammer Mjöllnir, der von den Reif- und Bergriesen sogleich bemerkt wird, wenn Thor ihn schwingt; was nicht verwundert, denn Thor hat damit manchen Schädel ihrer Väter oder Verwandten zertrümmert. Das zweite Kleinod ist der Kraftgürtel; wenn er sich diesen anlegt, bekommt er die doppelte Götterkraft. Ferner besitzt er eine dritte, ganz wertvolle Kostbarkeit; das sind seine Eisenhandschuhe; ohne diese vermag er nicht, den Schaft des Hammers zu fassen.

Doch niemand ist so klug, daß er all seine Großtaten aufzählen könnte.

Balder und Nanna

Balder ist der Sohn von Odin und Frigg, seine Frau ist Nanna und sein Sohn Forseti. Er besitzt das Schiff Hringhorni und den Goldring Draupnir. Er ist der Gott der Trauer.

Von ihm gibt es nur Gutes zu sagen. Er ist der Beste und wird von allen gelobt. Er ist so schön von Antlitz und so hell, daß ein Schein von ihm ausgeht. Eine einzige Blume, die Kamille, ist so licht, daß sie Balders Brauen gleichkommt; sie ist die lichteste aller Blumen. Davon kann man auf seine Schönheit, des Haares wie auch des Leibes, schließen.

Er ist der klügste der Asen, beredt und voller Mitleid. Doch es gehört auch zu seinen Eigenschaften, daß seine Urteile keinen Bestand haben. Seine Wohnstatt im Himmel heißt Breidablik. Dort gibt es nichts Unreines, wie es im Grimnir-Lied heißt:

Breidablik heißt es,
wo Balder sich
die hohe Halle gebaut;
kein anderer Ort
in aller Welt
ist freier von Freveln.

Njörd und Skadi

Der dritte Ase wird Njörd genannt. Er wohnt im Himmel an dem Ort, der Noatun heißt. Er lenkt die Bahn des Windes und beruhigt das Meer und das Feuer; ihn soll man um glückliche Seefahrt und Fischfang anrufen.

Njörds Frau heißt Skadi, eine Tochter des Riesen Thjazi. Skadi wollte die Wohnstatt behalten, die ihrem Vater gehört hatte, irgendwo in den Bergen, dort, wo es Thrymheim heißt. Njörd aber wollte nahe am Meer wohnen. So kamen sie überein, jeweils neun Tage in Thrymsheim und die nächsten neun Tage in Noatun zu verbringen. Aber als Njörd aus den Bergen nach Noatun zurückkam, sagte er:

Leid der Berge
blieb ich nicht lang´,
neun Nächte nur;
heiterer schien mir
als das Heulen der Wölfe
der Schwanengesang.

Darauf sagte Skadi:

Nicht schlafen konnt´ ich
am Meeresstrand
vor Vogelkreischen;
es weckte mich
die weitgereiste
Möwe am Morgen.

Darauf zog Skadi wieder hinauf in die Berge und wohnte in Thrymheim. Sie läuft viel Ski und geht mit Pfeil und Bogen auf Jagd.

Frey
Gott der Fruchtbarkeit

Njörd in Noatun bekam zwei Kinder, der Sohn hieß Frey und die Tochter Freya. Sie waren schön anzusehen und mächtig.

Frey ist der berühmteste der Asen. Er waltet über Regen und Sonnenschein und über der Fruchtbarkeit der Erde. Ihn soll man um Erntesegen und Frieden anrufen. Er befindet auch über den Wohlstand der Menschen.

Einige Zwerge, Söhne Iwalds, bauten das Schiff Skidbladnir und schenkten es Frey. Es ist so groß, daß alle Asen mitsamt ihren Waffen und Rüstungen Platz darin haben. Sobald das Segel gehißt ist, bekommt es Fahrtwind, wohin man auch fahren will. Aber wenn man mit ihm nicht aufs Meer fahren mag, so kann man es wie ein Tuch zusammenfalten und in der Tasche tragen; aus so vielen Dingen und mit so großer Sorgfalt ist es gefertigt worden.

Skidbladnir ist ein gutes Schiff, und gar große Zauberei muß dazugehört haben, es zu schaffen.

ODUR
FREIA

Freya
Die Liebesgöttin

Freya ist die schönste der Asinnen; ihre Wohnstatt im Himmel heißt Folkwang. Wenn sie zum Kampf ausreitet, bekommt sie die Hälfte der Gefallenen - die andere Hälfte gehört Odin, so wie es im Grimnir-Lied steht:

> Folkwang heißt es,
> wo Freya weist
> die Sitze im Saal;
> von den toten Helden
> wählt sie die Hälfte,
> die anderen fallen Odin zu.

Ihr Saal Sessrumnir ist groß und schön. Wenn sie ausfährt, spannt sie zwei Katzen vor ihren Wagen. Sie ist denen gut gewogen, die sie anrufen. Von ihrem Namen wird die Ehrenbezeichnung abgeleitet, daß man vornehme Frauen fróvur (Frau) nennt. Gut gefallen ihr Liebeslieder. Es ist gut, sie in Liebesangelegenheiten anzurufen.

Freya ist die vornehmste Asin nach Frigg. Sie war mit dem Manne vermählt, der Od heißt; ihre Tochter ist Hnoss. Od zog weit fort in die Ferne, und Freya weinte ihm nach, und ihre Tränen waren rotes Gold. Freya hat viele Namen; der Grund ist, daß sie sich auf der Suche nach Od unter unbekannten Völkern bald den einen, bald den anderen Namen gab. Freya besitzt den Brisingenschmuck. Man nennt sie auch Wanengöttin.

Tyr
Thor

Tyr
Der Kriegsgott

Dann gibt es noch den Asen, der Tyr heißt. Er ist sehr kühn und tapfer und entscheidet über den Sieg in Kriegen. Kämpfer tun gut daran, ihn anzurufen. Wer mutig ist und vor keiner Gefahr scheut, von dem sagt man, er sei „tapfer wie Tyr". Und wer weise ist, von dem sagt man, er sei so „klug wie Tyr".

Ein Beweis seiner Tapferkeit ist dies: Als die Asen den Fenriswolf dazu überlisteten, sich die Fessel Gleipnir anlegen zu lassen, da argwöhnte der Wolf, sie würden ihn nicht wieder losbinden, bis sie ihm die Hand Tyrs als Pfand in den Rachen legten. Aber als dann die Asen den Wolf nicht wieder losbinden wollten, da biß er die Hand ab.

Seither ist Tyr einhändig, und er gilt nicht als Friedensstifter.

Bragi und Idun

Ein weiterer Ase heißt Bragi. Er ist berühmt für seine Klugheit, vor allem aber für seine Beredsamkeit und Wortkunst. Er versteht sich am besten auf die Dichtkunst, die nach ihm benannt ist.

Anfänglich lebten die Götter mit dem Volk der Wanen in Unfrieden. Schließlich vereinbarten sie ein Treffen und schlossen Frieden; sie besiegelten den Frieden, indem beide Parteien zu einer Schüssel gingen und hineinspuckten. Und als sie sich trennten, da wollten die Götter dieses Friedenszeichen nicht verkommen lassen, und sie schufen einen Menschen aus dem Speichel, der hieß Kwasir. Er war so klug, daß keiner ihm eine Frage stellen konnte, die er nicht beantwortet hätte. Er reiste weit um die Welt, um den Menschen Wissen zu vermitteln. Als er einmal zu einer Einladung bei den Zwergen ging, da nahmen diese ihn vertraulich beiseite und töteten ihn. Sie ließen sein Blut in zwei Schüsseln und einen Kessel rinnen. Sie mischten Honig unter das Blut, und daraus entstand Met, welcher jeden, der davon trinkt, zum Dichter oder Gelehrten macht.

Odin schenkte den Dichtermet den Asen und denjenigen Menschen, die wirklich dichten können.

Bragis Frau ist Idun; sie verwahrt in ihrem Eschenholzkästchen die Äpfel, in welche die Götter beißen müssen, wenn sie altern; dann werden sie alle wieder jung, und so währt es bis zum Weltuntergang.

V·31

Heimdall
Hüter der Götter

Von neun Müttern bin ich geboren,
von neun Schwestern bin ich der Sohn.

Einer heißt Heimdall, auch der weiße Ase genannt; er ist groß und heilig. Er wurde von neun Mädchen geboren, die Schwestern waren. Man nennt ihn auch Goldzahn, denn seine Zähne waren aus Gold. Sein Pferd heißt Goldschopf. Er wohnt auf Himinbjörg bei der Brücke Bifröst. Er ist der Wächter der Götter und wohnt dort am Himmelsrand, um die Brücke vor den Bergriesen zu schützen. Er bedarf weniger Schlaf als ein Vogel. Er sieht gleich gut bei Nacht wie bei Tage, hundert Meilen weit. Er hört auch das Gras auf der Erde und die Wolle der Schafe wachsen, mithin alles, was lauter tönt. Er besitzt das Horn Gjallarhorn, deren Schall man in aller Welt vernimmt. Heimdalls Schwert wird „Kopf“ genannt. Im Grimnir-Lied heißt es:

Himinbjörg heißt es,
wo Heimdall herrscht
und seine Wohnstatt waltet;
im behaglichen Hause
der Götterhüter
den guten Met genießt.

VIDAR
Fenris

Der Blinde, der Kühne und der Schöne

Höd heißt einer der Asen; er ist blind, doch sehr stark. Die Götter würden sich wünschen, daß sein Name nicht genannt werden müßte; denn was er getan hat, wird bei Göttern wie Menschen lange in Erinnerung bleiben.

Ein anderer heißt Widar, der schweigsame Ase. Er besitzt einen festen Schuh und ist fast so stark wie Thor. Den Göttern ist er eine große Stütze in allen Gefahren.

Ein weiterer heißt Wali, ein Sohn von Odin und Rind. Er ist kühn im Kampf und ein treffsicherer Schütze.

Ull heißt einer, ein Sohn von Sif und Stiefsohn Thors. Er ist ein so guter Bogenschütze und Skiläufer, daß sich niemand mit ihm messen kann. Er ist auch schön anzusehen und ein tüchtiger Krieger; es ist gut, ihn im Zweikampf anzurufen.

Forseti heißt der Sohn von Balder und Nanna. Er bewohnt den Saal im Himmel, der Glitnir heißt. Und alle, welche zu ihm mit Streitigkeiten kommen, gehen versöhnt wieder fort. Das ist der beste Gerichtshof bei Göttern und Menschen.

Loki
Unheilstifter unter den Asen

Auch wird der zu den Asen gezählt, den einige als den Unheilstifter unter den Asen bezeichnen, der lauter Betrug ausheckt und als der Ursprung allen Übels gilt, eine Schande für Götter und Menschen. Er heißt Loki und ist ein Sohn des Riesen Farbauti. Seine Mutter ist Laufey, seine Brüder sind Byleist und Helblindi. Loki ist schmuck und schön von Gestalt, aber schlecht von Charakter und gänzlich unberechenbar.

Loki übertraf alle anderen an Schlauheit; in allen Lagen gebrauchte er List. Er brachte die Asen immer wieder in große Schwierigkeiten, aber oft half er ihnen mit verschlagenen Kniffen aus der Klemme. Seine Frau heißt Sigyn, und ihrer Sohn ist Narvi.

Loki hatte noch weitere Kinder. Angurboda hieß ein Trollweib in Jötunheim. Mit ihr zeugte Loki drei Kinder; das eine war der Fenriswolf, das zweite die Midgardschlange und das dritte Hel. Aber als die Götter erfuhren, daß diese drei Geschwister in Jötunheim aufwuchsen, und ihnen prophezeit wurde, daß ihnen von diesen Geschwistern viel Schaden und Unglück zustoßen würde, da schien es allen, sie hätten großes Übel zu erwarten. Da sandte Allvater die Götter aus, um diese Kinder zu fasssen und zu ihm zu bringen. Und als sie zu ihm gekommen waren, da warf er die Schlange ins tiefe Meer; Hel warf er hinab nach Niflheim und gab ihr die Herrschaft über neun Welten.

Den Wolf zogen die Asen bei sich zuhause auf, und einzig Tyr hatte den Mut, sich ihm zu nähern und ihm zu fressen zu geben.

III. Das Goldene Zeitalter

Asgard
Die Götterstadt

Die Götter schufen sich in der Mitte der Welt eine befestigte Stadt, die sie Asgard nannten. Dort wohnten die Götter und ihr Geschlecht, und dort trug sich manches zu, von dem auf Erden und im Himmel erzählt wird. Dort gibt es eine Stätte, die Hlidskjalf heißt, und wenn sich Odin dort auf den Hochsitz setzte, überblickte er die ganze Welt und jedermans Tun und Treiben und durchschaute alle Dinge, die er sah.

Als Asgard gebaut war, setzte Odin Regenten ein und gebot ihnen, mit ihm zusammen die Geschicke der Menschen zu lenken und über die Stadt zu gebieten. Das war auf dem sogenannten Idafeld, mitten in der Stadt. Ihr erstes Werk war, einen Tempel zu bauen, in dem sich ihre Sitze befanden, Allvaters Hochsitz und zwölf andere Sitze. Das ist das bestgebaute und größte Gebäude auf Erden; außen und innen aus reinem Gold. Diese Stätte nennen die Menschen Gladsheim. Noch ein anderes Gebäude errichteten sie, eine Opferstätte der Göttinnen, die wunderschön anzusehen war. Dieses Gebäude nennen die Menschen Wingolf.

Dort ist ferner ein großer Saal, der Walaskjalf genannt wird; er ist in Odins Besitz. Die Götter errichteten ihn und deckten ihn mit reinem Silber. In diesem Saal befindet sich auch der Hochsitz Hlidskjalf. Und wenn Allvater sich auf diesen Sitz setzt, blickt er über die ganze Welt. Am südlichen Himmelsende steht der allerschönste Saal, leuchtender als die Sonne; er heißt Gimle. Er wird noch stehen, wenn Himmel und Erde vergangen sind, und dort werden die guten und rechtschaffenden Menschen für alle Zeiten wohnen.

Als nächstes machten sie sich daran, Schmiedeessen zu errichten, und außerdem stellten sie Hammer, Zange und Amboß her und darauf alle anderen Werkzeuge. Damit bearbeiteten sie Metall, Stein und Holz und jenes Metall, das Gold heißt, und zwar in solcher Fülle, daß all ihr Hausgerät und Reitgeschirr aus Gold war. Diese Epoche wird das Goldene Zeitalter genannt, bis es verdorben wurde, als die Frauen aus Jötunheim kamen.

Bifröst
Die Himmelsbrücke

Die Götter bauten eine Brücke von der Erde zum Himmel, Bifröst genannt. Sie kennt jeder. Regenbogen heißt sie bei den Menschen. Sie hat drei Farben, ist sehr stark und mit mehr Geschick und Kunst gefertigt als andere Bauten.

Aber wie stark sie auch ist, sie wird doch brechen, wenn Muspells-Söhne hinüberreiten. Ihre Pferde müssen dann über große Flüsse schwimmen, aber sie kommen hinüber.

Bifröst ist eine gute Brücke, aber kein Ding auf dieser Welt vermag den Muspells-Söhnen standzuhalten, wenn sie zum Krieg ausziehen.

Das Rot, das du im Regenbogen siehst, ist brennendes Feuer. Hinauf in den Himmel stürmen würden die Reifriesen und Bergriesen, wenn Bifröst für alle, die wollten, begehbar wäre.

Manch schöne Stätten gibt es im Himmel, und alle stehen unter göttlichem Schutz.

In Alfheim wohnt das Volk der Lichtalben; die Schwarzalben dagegen wohnen unter der Erde und sind ihnen im Aussehen nicht ähnlich und noch weniger im Charakter. Die Lichtalben sind schöner anzusehen als die Sonne; die Schwarzalben dagegen sind schwärzer als Pech.

Es gibt noch eine Stätte mit dem Namen Breidablik; eine schönere kann man nicht finden. Ein anderer Ort heißt Glitnir; seine Wände, Säulen und Pfeiler sind aus rotem Gold und das Dach aus Silber.

Dann gibt es dort auch noch Himinbjörg, am Himmelsrand gelegen, am Fuße der Himmelsbrücke Bifröst.

Man berichtet, es gebe einen zweiten Himmel, südlich und oberhalb unseres Himmels, und sogar einen dritten darüber. Doch nur die Lichtalben wohnen jetzt wohl dort oben.

Yggdrasil
Die Weltesche

Der Götter vornehmste und heilige Stätte befindet sich bei der Esche Yggdrasil; dort halten die Götter jeden Tag Rat.

Diese Esche ist der größte und beste von allen Bäumen. Ihre Zweigen breiten sich über die ganze Welt und reichen hinauf zum Himmel.

Drei Wurzeln halten den Baum aufrecht und erstrecken sich weithin. Die eine reicht zu den Asen, die andere zu den Reifriesen, wo vormals Ginnungagap war; die dritte erstreckt sich über Niflheim.

Unter der Wurzel, die sich zu den Reifriesen erstreckt, befindet sich der Mimirbrunnen, der Klugheit und Verstand spendet. Mimir heißt der Besitzer des Brunnes. Er ist voller Weisheit, da er täglich mit dem Gjallarhorn aus dem Brunnen trinkt. Dorthin kam Allvater und erbat sich einen Trunk aus dem Brunnen. Er bekam diesen erst, als er eines seiner Augen als Pfand hinterlegte. So steht es in der Völuspá geschrieben:

Wohl weiß ich, Odin,
wo dein Auge blieb,
im meist gerühmten
Mimirbrunnen.
Met trinkt Mimir
an jedem Morgen,
wo Walvater Pfand hinterließ.
Wißt ihr, was dies bedeutet?

Die dritte Wurzel der Esche reicht zum Himmel, und unter dieser Wurzel befindet sich der Brunnen, der überaus heilig ist und Urdbrunnen heißt. Dort halten die Götter Rat. Jeden Tag reiten sie dort hinauf über die Brücke Bifröst, die drum auch Asenbrücke heißt.

Die Nornen

Ein schönes Haus steht unter der Esche beim Brunnen, von dort kommen drei Jungfrauen, die Urd, Werdandi und Skuld heißen. Sie bestimmen das Schicksal der Menschen; wir nennen sie Nornen. Es gibt noch weitere Nornen, die zu jedem Kinde kommen, das geboren wird, um sein Schicksal zu bestimmen. Die einen sind göttlicher Herkunft, andere gehören zum Geschlecht der Alben und die dritten zu den Zwergen, wie in der Völuspá geschrieben steht:

Von ungleicher Herkunft
halt ich die Nornen,
und nicht von gleichem Geschlecht;
die einen sind Asen,
die anderen Alben
und Töchter Dwalins die dritten.

Wenn die Nornen das Schicksal der Menschen bestimmen, dann verteilen sie es überaus ungleich. Denn einige erhalten ein gutes und ruhmreiches Leben, andere aber ernten wenig Lohn und Lob; einige haben ein langes Leben, andere ein kurzes. Gute Nornen von edler Herkunft geben ein gutes Schicksal. Am Unglück der Menschen sind aber die bösen Nornen Schuld.

Auch wird erzählt, daß die Nornen, die am Urdbrunnen wohnen, jeden Tag Wasser aus dem Brunnen schöpfen und ebenso nassen Schlamm, der um den Brunnen liegt, und damit die Esche begießen, daß ihre Zweige nicht verdorren oder faulen.

Walhalla

Alle Männer, die seit Anbeginn der Welt im Kampfe gefallen sind, finden sich bei Odin in Walhalla ein. Ihre Zahl ist groß und wird noch viel größer werden, und dennoch wird ihre Zahl nicht genügen, wenn der Wolf kommt.

Doch niemals ist die Menschenmenge in Walhalla so groß, daß das Fleisch des Ebers Sæhrimnir nicht ausreiche. Er wird jeden Tag gesotten und ist doch am Abend wieder unversehrt!

Die Speisen, die auf seinem Tisch stehen, gibt Odin seinen beiden Wölfen. Er selber bedarf keiner Kost. Der Wein ist ihm sowohl Speise als auch Trank.

Zwei Raben sitzen auf seinen Schultern und flüstern ihm alle Neuigkeiten ins Ohr, die sie zu sehen oder zu hören bekommen. Er schickt sie bei Tagesanbruch aus, in alle Welten zu fliegen, und zum Frühstück kehren sie wieder zurück; so erfährt er, was Neues geschieht. Darum wird er von den Menschen auch Rabengott genannt.

Jeden Tag, nachdem sie sich gekleidet haben, legen die Einherier die Rüstung an, gehen in den Hof hinaus und kämpfen. Einer erschlägt den anderen; das ist ihr Zeitvertreib. Aber wenn die Zeit zum Frühstück kommt, dann reiten sie wieder heim nach Walhalla und setzen sich zum Trunk.

Dann sind dort noch die Dienerinnen in Walhalla, die den Trank bringen und für Gedeck und Biergefäße sorgen. Diese heißen Walküren. Odin schickt sie zu jeder Schlacht. Dort wählen sie die Männer aus, denen der Tod bestimmt ist, und entscheiden, wer siegt.

IV. Heilige Schätze

Die Wette

Loki hatte der Sif hinterlistig alles Haar abgeschoren. Als Thor dies gewahr wurde, ergriff er Loki und hätte ihm alle Knochen zerschlagen, wenn jener nicht geschworen hätte, die Schwarzalben zu überreden, Sif Haare aus Gold zu machen, die wie anderes Haar wachsen sollten. Darauf fuhr Loki zu den Zwergen, die Iwalds

Söhne heißen. Diese fertigten für ihn das Haar und zugleich das Schiff Skidbladnir und Odins Speer, der Gungnir heißt. Da wettete Loki mit dem Zwerg Brokk um seinen Kopf, daß dessen Bruder Sindri nicht drei gleichwertige Kleinodien schaffen könnte.

Als sie zu der Schmiede kamen, legte Sindri eine Schweinshaut in die Esse und gebot Brokk zu blasen und nicht eher aufzuhören, bis er aus der Esse nähme, was er hineingelegt. Doch sobald Sindri aus der Schmiede gegangen war und Brokk blies, setzte sich eine Fliege auf seine Hand und stach ihn. Dennoch hörte er nicht mit dem Blasen auf, bis der Schmied das Werk aus der Esse nahm. Dies war ein Eber mit goldenen Borsten.

Darauf legte Sindri Gold ins Feuer und gebot ihm, zu blasen und nicht eher mit dem Blasen aufzuhören, bis er zurückkäme. Er ging hinaus, aber die Fliege kam wieder, setzte sich jenem auf den Hals und stach nun noch einmal so stark; doch fuhr er fort zu blasen, bis der Schmied den Goldring Draupnir aus der Esse zog.

Darauf legte er Eisen in die Esse und hieß ihn blasen und sagte, alles sei vergebens, wenn er beim Blasen innehielte. Da setzte sich ihm eine Fliege zwischen die Augen und stach ihm in die Augenlider. Als das Blut ihm in die Augen tropfte, daß er nichts mehr sah, griff er schnell mit der Hand zu, während der Blasebalg ruhte, und jagte die Fliege fort. Da kam der Schmied zurück und sagte, daß beinahe alles verdorben wäre, was in der Esse läge. Darauf zog er den Hammer aus der Esse. Alle diese Kleinodien gab er darauf seinem Bruder Brokk und hieß ihn damit gen Asgard fahren, die Wette einzulösen.

Vorzüge und Nachteile

Als nun Brokk und Loki ihre Kleinodien brachten, setzten sich die Götter auf ihre Richterstühle, und es sollte das Urteil gelten, das Odin, Thor und Frey fällten. Da gab Loki Odin den Spieß Gungnir, Thor das Haar für Sif und Frey das Schiff Skidbladnir und nannte die Eigenschaften dieser Schätze; daß der Speer nie sein Ziel verfehle, das Haar wachse, sobald es auf Sifs Haupt komme, und Skidbladnir immer Fahrtwind habe, sobald die Segel hochgezogen würden, in welche Richtung man auch fahren wollte; und zugleich könne man das Schiff nach Belieben wie ein Tuch zusammenfalten und in der Tasche tragen. Darauf

brachte Brokk seine Kleinodien hervor und gab Odin den Ring und sagte, in jeder neunten Nacht würden acht ebenso kostbare Ringe von ihm niederträufeln. Frey gab er den Eber und sagte, er renne durch Luft und Wasser, Tag und Nacht, schneller als irgendein Pferd, und niemals wäre es so finster in der Nacht oder im Dunkelwald, daß es nicht hell genug würde, wohin er auch käme, so leuchteten seine Borsten. Thor gab er den Hammer und sagte, er könne so kräftig damit zuschlagen, als er wolle, ohne daß der Hammer Schaden nähme; und wohin er ihn auch werfe, so solle er ihn doch nicht verlieren, und nie solle er so weit fliegen, daß er nicht in seine Hand zurückkehre, und wenn es ihm beliebe, solle er so klein werden, daß er ihn im Busen verbergen könne. Er habe nur den Fehler, daß sein Stiel zu kurz geraten sei.

Das Urteil

Da urteilten die Götter, der Hammer sei das Beste von allen Kleinodien und die beste Wehr gegen die Reifriesen, und sie entschieden die Wette dahin, daß der Zwerg gewonnen habe. Da erbot sich Loki, sein Haupt freizukaufen; aber der Zwerg antwortete, darauf dürfe er nicht hoffen. So greif mich denn, sagte Loki; aber als jener ihn fassen wollte, war er schon weit fort, denn Loki hatte Schuhe, die ihn durch Luft und Wasser trugen. Da bat der Zwerg den Thor, ihn zu ergreifen, was dieser auch tat. Nun wollte der Zwerg Lokis Haupt abhauen, aber Loki sagte, nur das Haupt sei sein, nicht aber der Hals. Da nahm der Zwerg einen Riemen und ein Messer und wollte Löcher in Lokis Lippen schneiden und ihm den Mund zunähen; aber das Messer wollte nicht schneiden. Da sagte er, nun wäre es gut, wenn er seines Bruders Ahle hätte, und im selben Augenblick, als er diese nannte, war sie auch schon bei ihm und durchbohrte dem Loki die Lippen. Da nähte er ihm den Mund zusammen und riß den Riemen am Ende der Naht ab.

LOKE

Anmerkung zur vorliegenden Ausgabe

Der isländische Historiker und Gelehrte Snorri Sturluson (1179-1241) schrieb die Prosa-Edda um 1220. Sein Werk war als Handbuch für junge, angehende Skalden gedacht, um sie in den mythologischen Grundlagen und den Gesetzen der altnordischen Dichtkunst zu unterweisen.

Die Snorra-Edda wird in vier Kapitel unterteilt: *Prologus*, Snorris Vorwort, in welchem er die alten Mythen der Gylfaginning und des Skáldskaparmál in einen größeren geschichtlichen Zusammenhang einreiht und sich als Christ vom heidnischen Glauben distanziert; *Gylfaginning*, Gylfis Verblendung; *Skáldskaparmál*, die Sprache der Dichtkunst, und *Háttatal*, eine Sammlung altnordischer Versformen, die Snorri für den norwegischen König Hakon dichtete.

Die Götter der Wikinger setzt sich zum größten Teil aus Texten der Gylfaginning zusammen, in welchem der mythische König Gylfi drei göttliche Wesen, „Hoch", „Gleichhoch" und „den Dritten", nach der nordischen Götterwelt befragt, von der Schöpfung bis zum Weltuntergang. Diese Form des Frage-und-Antwort-Spiels wurde in der vorliegenden Ausgabe nicht beibehalten.

Der ursprüngliche Text wurde neu geordnet, in gesonderten Kapiteln zusammengefaßt und beträchtlich gekürzt. Die Übersetzung ist dem Originaltext, so gut es geht, treu geblieben, wobei versucht wurde, den Sinn der Aussage in zeitgemäßer Sprache widerzugeben.

Zwei Verse aus Völuspá (Lieder-Edda), wurden dem Kapitel von der Schöpfung der Menschen beigefügt. Fragmente aus Skáldskaparmál ergänzen die Kapitel Thor und Sif sowie Balder und Nanna.

Die Einleitung wurde aus dem Englischen übersetzt, *The Younger Edda: also called Snorri`s Edda or The Prose Edda* von Rasmus B. Anderson.

Bei der vorliegenden Neubearbeitung waren die Übersetzungen von Karl Simrock (1851), Hugo Gehring (1892), und Arthur Häny (Manesse Verlag, 1991) eine wertvolle Hilfe.

Snorri Sturluson
Erzähler von Götter- und Heldensagen

Snorri Sturluson wurde im Jahre 1179 (oder 1178) in Westisland geboren, in eine der mächtigsten Familien des Landes, die Sturlungar. Der isländische Bauernstaat basierte auf der fragilen Machtbalance von sechs führenden Familiensippen. Als die Sturlungar in immer größerem Maße Macht und Einfluß an sich reißen konnten, geriet dieses Gleichgewicht aus den Fugen, und ein Zeitalter der Bürgerkriege entflammte. Die nicht enden wollenden Fehden machten es dem norwegischen König Hakon ein leichtes Spiel, und im Jahre 1262 wurde Island der norwegischen Krone einverleibt.

In jungen Jahren wurde Snorri nach Oddi geschickt, einem Bildungszentrum in Südisland und Sitz der Familiensippe der Oddverjar. Mitglieder dieser Familie hatten schon seit Generationen ihre Bildung auf dem europäischen Festland genossen. Sæmundur froði (der Weise) hatte im 11. Jh. in Oddi die erste Schule gegründet. Auch wenn Sæmundur die Lieder-Edda wohl nur fälschlicherweise zugeschrieben wurden, war er doch unbestritten einer der größten Gelehrten seiner Zeit. Die weltoffene Atmosphäre dieses nationalen Bildungszentrums hat ohne Zweifel großen Einfluß auf den jungen Snorri gehabt.

In Snorri vereinigten sich zwei deutlich ausgeprägte Charakterzüge: Streben nach Macht und Reichtum, aber auch Wissensdurst und ein engagiertes Interesse für die Dichtkunst. Sein ganzes Leben ist durch das Bestreben gekennzeichnet, Macht und Einfluß zu steigern; er ist einer der führenden Persönlichkeiten des Landes; zweimal bekleidet er das Amt des Gesetzessprechers, und dennoch findet er immer wieder Zeit, sich Literatur und Bildung zu widmen. Der politische Ehrgeiz führt schließlich zu seinem Sturz. Snorri war im Machtkampf am norwegischen Hofe auf der Seite von Jarl Skúli Bárðarson involtiert. Als König Hakon die Übermacht gewonnen hatte, ließ er zunächst seinen Schwiegervater Skúli töten und rächte sich schließlich auch an Snorri, den er auf seinem Hof Reykholt im

Borgarfjörður 1241 heimtückisch umbringen ließ. Man könnte es als eine Ironie des Schicksals bezeichnen, daß ein norwegischer König am Tode des Mannes Verantwortung trug, ohne den die Geschichte der norwegischen Monarchie in Vergessenheit geraten wäre.

Zu Snorris Werken gehören die Heimskringla, die Geschichte der norwegischen Könige von ca. 400-1200 n. Chr., die Prosa-Edda (oder Snorra-Edda) sowie nach Auffassung vieler Wissenschaftler die Egilssaga, eine der bekanntesten isländischen Sagas. Innerhalb der Geschichte des norwegischen Königshofes ist insbesondere die Geschichte von König Olaf dem Heiligen (*Ólaf saga helga*) hervorzuheben, die wie keine andere Snorris brilliante Erzählkunst bezeugt. Snorri Sturluson unterscheidet sich in seiner realistischen und objektiven Behandlung des Quellenmaterials von anderen zeitgenössischen Historikern; er vermeidet bewußt jegliche Übertreibung und Interpretation.

Die Edda von Snorri Sturluson ist die bedeutendste Quelle der nordischen Mythologie und heidnischer Bräuche. Sein Name wird schon in der ältesten Edda-Handschrift, dem Codex Upsaliensis, erwähnt, die kurz nach 1300, nur gut 50 Jahre nach seinem Tod, niedergeschrieben worden war. Das Werk ist in vier Kapitel unterteilt: *Prologus*, Snorris Vorwort; *Gylfaginning*, Gylfis Verblendung; *Skáldskaparmál*, die Sprache der Dichtkunst, und *Háttatal*, eine Sammlung altnordischer Versformen, die Snorri für den norwegischen König Hakon dichtete. Aufbau und Stil entsprechen dem Zeitgeist jener Epoche. Getreu der zeitgenössischen Vorstellung von der göttlichen Abstammung der Könige entwirft er einen Stammbaum des schwedischen Königshauses, das seinen Ursprung bei den Asen hat. Deutlicher als jeder andere Zeitgenosse zeichnet er ein Weltbild der heidnischen Ahnen. Snorris Begabung, lebendig zu erzählen, wissenschaftlich zu informieren und gleichzeitig unterhaltsam zu schreiben, kommt in der oft heiteren Beschreibung der nordischen Götterwelt besonders zur Geltung. Die Götter sind menschlich und nicht frei von Fehlern; trotzdem verlieren sie in Snorris Beschreibung niemals ihre Würde. Snorri schrieb seine Edda als ein Handbuch für angehende Skalden. In *Skáldskaparmál* erläutert er die Skaldenkunst, die Verwendung mythischer Umschreibungen (kenningar) sowie Metaphorik. *Háttatal* ist eine Sammlung von 102 skaldischen Preisliedern, die Snorri für den norwegischen König Hakon gedichtet und kommentiert hat.

Im Dichter Snorri Sturluson vereinigen sich der Gelehrte, der in der europäischen Bildung und den Traditionen seiner Zeit bewandert ist, und der Volksdichter, der ein Gespür dafür hat, wie man unterhaltsame Geschichten schreibt. Seine Beschreibung der Götter ist für den Leser ein reines Vergnügen. Seine Werke basieren auf altnordischen Literaturtraditionen und stellen eine einzigartige Mischung aus Historie und Fiktion dar. Auch wenn Snorri seine Werke in Island verfaßt hat, ist sein Blickwinkel immer international. Das Thema seiner Werke ist die gemeinsame geistige und kulturelle Tradition Skandinaviens und damit ein wichtiger Beitrag zum europäischen Kulturerbe. Die Snorra-Edda erschließt uns in einzigartiger Weise Weltbild und Leben der Wikinger.

Páll Valsson
Universität Uppsala, Schweden

Lorenz Frölich

Lorenz Frölich (1820-1908) stammt aus einer wohlhabenden Kopenhagener Familie. Schon früh fühlte er sich berufen, historische Bilder zu malen. Nach Abschluß des Kunststudiums ging er 1840 zur Weiterbildung nach Deutschland. Der Weg führte weiter nach Italien und schließlich nach Paris, wo er von 1851 bis 1875 lebte. Nur einmal kam er in dieser Zeit zu einem kurzen Besuch nach Dänemark.

Seinem Interesse für historische Sujets konnte er nur zum Teil nachgehen. Hauptsächlich beschäftigte er sich mit Grafiken und Illustrationen. Er war ein brillianter Zeichner; zu seinen bekannten Werken gehören Illustrationen zu Gedichten von Adam Oehlenschläger (De tvendi kirketaarne, 1844) und der Geschichte Dänemarks von Fabricius (1852). Es folgten eine Reihe von Kinderbüchern, die sich großer Beliebtheit erfreuten, insbesondere die Geschichten über seine eigene Tochter (Mlle. Lile). Am bekanntesten ist Frölich jedoch für seine Illustrationen der Märchen von H.C. Andersen.

Zu anderen bedeutenden Werken gehört eine Reihe von Grafiken, die sich mit Themen der klassischen Literatur (Amor et Psyche, 1862) und der altnordischen Mythologie (Gögleriet i Utgard, 1872, und Nordens Guder, 1874-83) befassen. In seinen Werken erweckt er die Welt der Götter und Riesen, der Helden und willensstarken Frauen zu neuem Leben. Die grafischen Werke zeugen von seinem epischen Talent, einem Gespür für das Detail und Sinn für Humor.

In späteren Jahren illustrierte Frölich die dänische Übersetzung der Lieder-Edda (1895) von Karl Gjellerup. Seine Zeichnungen brillieren in ihrer einfachen Form; er versucht nicht, durch Ornamente und Verschnörkelungen die Stimmung zu beeinflussen. Fast sparsam gezeichnete Personen und begleitender Text dominieren das Bild.

Nur selten bot sich Frölich Gelegenheit, altnordische Motive in größerem Format auf der Leinwand darzustellen. Hierzu gehören „Thor in seinem Wagen" und „Balders Tod", die er 1853-57 für einen Gutshof in Südjütland entwarf.

Beide Werke befinden sich heute im Besitz der Snoghöj Folkehöjskole. Für das restaurierte Schloß Fredensborg malte er 1882 „Gefion pflügt Seeland“. Doch keines dieser Gemälde weist dieselbe intensive Atmosphäre auf wie seine Illustrationen von „Nordens Guder“ und der Lieder-Edda.

Hanne Westergaard
Ehem. Kuratorin, Abteilung Malerei und Bildhauerei, Statens Museum for Kunst, Kopenhagen.

Index

Alfheim (Albenwelt), Wohnort der Lichtalben.

Allvater, einer von vielen Namen des Gottes Odin.

Angurboda (Verkünderin von Sorgen), Trollweib und Mutter von Lokis Kindern: Fenriswolf, Midgardschlange und Hel.

Asen, das Geschlecht der Götter.

Asgard (Asenhof), Wohnstätte der Götter in der Mitte der Welt, mit Midgard durch den Regenbogen Bifröst verbunden.

Ask, der erste Mann.

Audhumla, Name der Kuh, die Ymir aufzog und Buri aus einem Eisblock leckte.

Balder, Sohn von Odin und Frigg. Er lebt mit seiner Frau Nanna in Breidablik.

Bestla, Bors Frau und Mutter von Odin.

Bifröst, die Regenbogen-Brücke von Asgard nach Midgard.

Bilskirnir, Festhalle in Thors Königreich Thrudwang.

Bor, Buris Sohn, Vater von Odin, We und Wili.

Bragi, Gott der Dichtkunst, Sohn von Odin und Frigg, Ehemann von Idun.

Breidablik, Balders Festhalle in Asgard.

Brisingamen, der Brisingenschmuck, Freyas Halsband, dem magische Kräfte nachgesagt werden.

Brokk, ein Zwerg, Bruder von Sindri.

Buri, Vater von Bor; die Kuh Audhumla leckte ihn aus einem Eisblock.

Draupnir (Träufler), Odins Goldring, von dem in jeder neunten Nacht acht neue Ringe abtropfen.

Dwalin, ein Zwerg. Das Geschlecht der Zwerge wird auch als Dwalins Söhne bezeichnet.

Einherier; Bezeichnung der Helden, die im Kampf gefallen sind und bei Odin in Walhalla leben.

Embla, die erste Frau.

Farbauti, ein Riese, Vater von Loki.

Fenrir oder *Fenriswolf*, Sohn von Loki und dem Trollweib Angurboda.

Fensalir, Friggs Wohnsitz in Asgard.

Fimbulwinter, drei Jahre andauernder Winter vor der Götterdämmerung.

Fjörgwin, Friggs Vater.

Folkwang, Wohnsitz von Freya in Asgard.

Forseti, Sohn von Balder und Nanna, Schlichter von Streitigkeiten.

Frey, Gott der Fruchtbarkeit, Sohn von Njörd.

Freya, Liebesgöttin; Tochter von Njörd, Frau von Od.

Frigg, Odins Frau und höchste der Asinnen.

Garm, der Höllenhund, der bei der Götterdämmerung mit Tyr kämpft.

Gimle (gegen Feuer geschützter Platz), die schönste Halle in Asgard und der beste Platz nach der Götterdämmerung.

Ginnungagap, gähnender Abgrund zwischen Muspell und Niflheim.

Gjallarhorn, Heimdalls Horn, das in allen Welten gehört wird.

Gladsheim (Frohheim), Tempel in Asgard, wo sich Odins Hochsitz und die Sitze der zwölf Götter befinden.

Gleipnir, die Fessel des Fenriswolfs, die aus dem Geräusch von schleichenden Katzen, dem Barthaar einer Frau, den Wurzeln eines Berges, den Sehnen eines Bären, dem Atem eines Fisches und dem Speichel eines Vogels gefertigt wurde.

Glitnir, Forsetis Festhalle, von goldenen Säulen gestützt und mit einem Dach aus Silber.

Gnipahöhle, am Eingang zu Niflheim; vor der Höhle liegt der Höllenhund Garm angebunden.

Grimnir (der Verlarvte), ein Beiname von Odin.

Gullintanni (Goldzahn), ein anderer Name von Heimdall, der Zähne aus Gold hatte.

Gulltopp (Goldschopf), Heimdalls Pferd.

Gungnir, Odins Speer, der niemals sein Ziel verfehlt.

Heimdall, Hüter der Götter.

Hel, Lokis Tochter, die über der neunten Welt, Niflheim, herrscht.

Himinbjörg, Heimdalls Wohnsitz am Fuße der Asenbrücke Bifröst.

Hlidskjalf, Hochsitz in Odins Halle, von wo er die ganze Welt überblicken konnte.

Höd, der blinde Gott, der den von allen geliebten Balder tötete.

Hringhorni, Balders Schiff.

Idafeld, Ebene in Asgard, wo sich die Asen zuerst niederließen.

Iwald, Vater der Zwerge, die das Schiff Skidbladnir schmiedeten.

Jötunheim (Riesenheim), Heimat der Riesen.

Kwasir, ein Mensch, den die Götter aus Speichel schufen.

Lichtalben, Alben, die in Alfheim leben.

Loki, der Unheilstifter unter den Göttern; Sohn eines Riesen, Vater von Fenriswolf, Midgardschlange und Hel.

Midgard, von den Göttern gebaute Festung, in welcher die Menschen leben. Die Mauern sind aus Ymirs Augenbrauen geschaffen.

Midgardschlange (Weltschlange), Lokis Kind; sie schlingt sich am Boden der Ozeane um den ganzen Erdkreis und beißt sich in den eigenen Schwanz.

Mimir, Besitzer des Mimirbrunnens unter einer Wurzel von Yggdrasil, einem Born der Weisheit.

Mjöllnir, Thors Hammer.

Muspell, das Feuerreich im Süden.

Nanna, Balders Frau.

Narvi, Sohn von Loki und Sigyn.

Naströnd (Totenstrand); dort leben nach der Götterdämmerung Eidbrüchige und Mörder.

Niflheim (Nebelwelt), die neunte Welt.

Njörd, Gott des Windes, der See und des Feuers. Er wird um glückliche Schiffahrt und Fischfang angerufen. Vater von Frey und Freya. Seine Frau ist Skadi.

Noatun, Njörds Halle in Asgard.

Od, Freyas Mann.

Odin (Wotan), Allvater, der ranghöchste Gott.

Ragnarök (Weltuntergang oder Götterdämmerung), der letzte Kampf zwischen den bösen Mächten und den Göttern.

Riesenheim, siehe Jötunheim.

Rind, Mutter von Wali.

Sæhrimnir, der Eber, dessen Fleisch täglich in Walhalla gekocht und den Einheriern als Speise gereicht wird; in der Nacht erwacht er wieder zu Leben.

Schwarzalben, Alben, die unter der Erde leben.

Sessrumnir (Raum mit vielen Sitzen), Saal von Freya in Asgard.

Sif, Thors Frau.

Sigyn, Lokis Frau und Mutter von Narvi.

Sindri, ein Zwerg, Bruder von Brokk.

Skadi, Tochter des Riesen Thjazi und Njörds Frau; Göttin des Skilaufs und der Jagd.

Skidbladnir, Freys Schiff.

Skuld, eine der drei Nornen am Urdbrunnen, die das Schicksal der Menschen bestimmen.

Surt, der Riese, der den Eingang nach Muspell bewacht.

Thjazi, Riese, Vater von Skadi.

Thor, Donnergott, nach seinem Vater Odin der zweithöchste der Asen; der stärkste von allen Göttern und Menschen.

Thrudwang, Thors Reich in Asgard.

Thrymheim (Sturmheim), Wohnstätte des Riesen Thjazi. Nach seinem Tod lebte dort seine Tochter Skadi.

Tyr, der einhändige Kriegsgott, Sohn von Frigg.

Ull, Gott der Jagd und des Skilaufs, Sohn von Sif.

Urd, eine der drei Nornen am Urdbrunnen, die das Schicksal der Menschen bestimmen.

Urdbrunnen, Brunnen unter einer Wurzel von Yggdrasil, wo die Götter Rat halten.

Völuspá (Weissagung der Seherin), mythisches Gedicht von Weltanfang und -ende in der Lieder-Edda.

Walaskjalf, Odins Wohnstätte in Asgard; von den Göttern aus reinem Silber gebaut und gedeckt.

Walhalla (Halle der Geschlagenen), Odins Halle in Asgard, wo die Einherier bewirtet werden.

Wali, Sohn von Odin, ein kühner Kämpfer und Meisterschütze.

Walküren, Odins Dienerinnen in Walhalla; sie begeben sich im Auftrag Odins zu den Schlachtfeldern, wo sie über Tod und Sieg bestimmen.

Walvater (Vater der Gefallenen), einer der vielen Namen von Odin.

Wanaheim (Wanenland), die Welt der Wanen.

We, Sohn von Bor und Bestla.

Werdandi, eine der drei Nornen am Urdbrunnen, die das Schicksal der Menschen bestimmen.

Widar, der schweigsame Gott; er ist fast so stark wie Thor und tötet bei der Götterdämmerung den Fenriswolf.

Wile, Sohn von Bor und Bestla.

Wingolf, Opferstätte der Göttinnen in Asgard.

Yggdrasil, die Weltesche; Hauptsitz und heilige Stätte der Götter im Zentrum der Welt.

Ymir, Riese und erstes Lebewesen; von ihm stammt das Geschlecht der Reifriesen ab.